Linda Deike

Sexueller Missbrauch an Kindern

GRIN Verlag

Bibliografische Information der Deutschen Nationalbibliothek:

Die Deutsche Bibliothek verzeichnet diese Publikation in der Deutschen Nationalbibliografie; detaillierte bibliografische Daten sind im Internet über http://dnb.d-nb.de/ abrufbar.

Impressum:

Druck und Bindung: Books on Demand GmbH, Norderstedt Germany
ISBN: 978-3-638-69162-8

Dieses Buch bei GRIN:

http://www.grin.com/de/e-book/54404/sexueller-missbrauch-an-kindern

Universität Bielefeld
Fakultät Pädagogik
Studiengang: DSE

Linda Deike

Ausgabetermin: 01.10.05

Sexueller Missbrauch an Kindern
-Fakten und Prävention-

Inhalt

1. Einleitung

Sexueller Missbrauch an Kindern ist nicht nur heute eine weit verbreitete Gewalttat. Sie reicht bis hin zu den antiken Hochkulturen der Griechen und Römer, die sich für ihre Lustgefühle Kinderbordelle errichteten. Den wahrscheinlich frühsten Hinweis auf sexuellen Missbrauch zeigt eine ca. 5000 Jahre alte Tontafel der Sumerer, auf der geschrieben steht: "(Der Gott) Enlil sprach zu (Göttin) Ninlil von Beischlaf. Sie will nicht. Meine Vagina ist zu klein. (...) Meine Lippen sind zu klein...."(*Deegener, Günther, 1998, S.43*).

Von dieser bis zur heutigen Zeit, hat sich das Verhältnis zwischen Erwachsenen und Kindern geändert. Zumindest in den Industrieländern wird versucht, Kindern vor Gewalttaten zu schützen. Jedoch werden in vielen Gebieten weltweit - auch in Deutschland - Frauen und Mädchen „als Ware, als Tauschgegenstand, als Sexualobjekt betrachtet und behandelt" *(Deegener, Günther, 1998, S.50*).

Allein in Deutschland sind im Jahre 1999 ca. 20000 Kinder missbraucht worden, wobei die Dunkelziffer noch höher geschätzt wird. Dieses ist damit zu erklären, dass sehr viele Missbrauchsfälle innerhalb der Familie vorkommen, vor dem sozial – gesellschaftlichen Umfeld verheimlicht werden und so strafrechtlich nicht verfolgt werden können (*vgl. Menzel, Harald, 2005*).

In den letzten Jahren sind viele Berichte über sexuellen Missbrauch veröffentlicht worden, wodurch einige Menschen für dieses Thema sensibilisiert wurden. Es traten Fragen wie „Wie kann ich verhindern, dass mein Kind missbraucht wird? Woran kann ich erkennen, dass mein Kind oder ein anderes missbraucht wird und wie kann ich helfen?" (*Deegener, Günther, 1998, Seite 11*) auf.

In meiner Arbeit möchte ich mich mit einem in der Gesellschaft tabuisiertem Thema auseinandersetzen und unter anderem die oben genannten Fragen beantworten. Ich möchte Menschen zu diesem Thema aufklären, damit sie Hilfe suchende Signale von Kindern besser verstehen und deuten können, sowie Ratschläge geben wie man sexuelle Gewalt vorbeugen kann. Außerdem werde ich über mögliche Folgeschäden und Symptome von sexuellem Missbrauch berichten, wie man am besten mit einem missbrauchten Kind pädagogisch handelt und es somit vor möglichen, weiteren Schäden bewahrt.

2. Definition

Der sexueller Missbrauch Minderjähriger ist eine gezwungene, sexuelle Handlung an/mit einem Kind. Jedoch sind in vielen Literaturhinweisen keine eindeutigen Definitionen zu finden, da es einige Punkte gibt, die verschieden betrachtet werden, zum Beispiel die Altersspanne.
Die Altersspanne ist eine der drei Bedingungen, die Anhaltspunkte darstellen, um bei einer sexuellen Handlung zwischen einem Erwachsenen und einem Kind, von sexuellem Missbrauch reden zu können. Die drei Bedingungen sind:

1. ein großer Alters- und/oder Reifeunterschied zwischen zwei Personen
2. eine Ausübung von Autorität, die von Erwachsenen oder einer anvertrauten Inobhutnahme ausgeht
3. eine gewaltsame oder getäuscht ausgeübte Handlung an einem Kind (*vgl. Ullmann, Elisabeth/ Hilweg, Werner (Hg.), 1997, S. 117*)

Sexuelle Übergriff werden nicht nur durch Bedingungen zu definieren versucht, sondern sie werden durch manche Wissenschaftler noch in Intensitätsgrade unterschieden. Mit den Intensitätsgraden wird probiert, die Schwere einer sexuellen Handlung einstufen zu können. Sie lauten:

1. Zu den **leichteren Formen von sexuellem Missbrauch** gelten Exhibitionismus, anzügliche Bemerkungen, das Kind gegen seinen Willen beim Baden oder Anziehen zu beobachten, das widerwillige Anschauen von Pornografie. Bei dieser Art von sexuellem Missbrauch kommt es zu keinem Körperkontakt.

2. Unter **intensiven Missbrauchhandlungen** versteht man zum Beispiel, sexualisierte Küsse, das Berühren der Brust oder der Versuch die Genitalien des Kindes anzufassen.
3. Die **intensivste Form des Missbrauchs** ist die versuchte oder vollzogene orale, anale oder vaginale Vergewaltigung.

In manchen Literaturhinweisen ist ein weiterer vierter Intensitätsgrad aufgeführt: Die Vergewaltigung als akut erzwungener Verkehr (*vgl. Oerter/ Montada, 2002, Seite 807ff*).

Die Opfer von Gewalt sind meistens Kinder, welche beim sexuellen Akt keinen gleichberechtigten Partner vorweisen und von Erwachsenen in allen wichtigen Angelegenheiten abhängig sind. Die Täter nutzen ihre Macht- und Autoritätsposition, sowie die Abhängigkeit des Kindes aus (*vgl. Deegener, Günther, 1998, Seite 22ff*).

3. Häufigkeit und Prävalenz

Zahlreiche Untersuchungen in Amerika und Europa haben ergeben, dass jedes ca. dritte Mädchen und jeder ca. siebte Junge sexuell missbraucht wird. Aus den Untersuchungen ging ebenfalls hervor, dass 80 bis 90 Prozent der Täter männlich sind und 10 bis 20 Prozent weiblich (*vgl. NEIN!!! Gemeinsam gegen Kindesmissbrauch, Stand:02.08.2005*).

Von den missbrauchten Mädchen geht die Gewalt etwa zwei bis drei Prozent vom leiblichen Vater aus und das Risiko vom Stiefvater oder Pflegevater missbraucht zu werden ist deutlich höher (*vgl. Oerter/ Montada, 2002, Seite 809f*).

Am gefährdetsten sind Kinder im Alter von sieben bis dreizehn Jahre und in 20 Prozent der Fälle sind noch jüngere Kinder betroffen (*vgl. Ullmann, Elisabeth/ Hilweg, Werner (Hg.), 1997, Seite 118f*).

Einmaliger sexueller Missbrauch erfolgt in 90 Prozent der Fälle durch Fremde und 2/3 der Täterschaft stammt aus dem Bekannten- und Freundeskreis. In 15 Prozent der Fälle dauert ein Missbrauchfall zwischen

1-9 Jahren und geschieht durch nahe Angehörige (*vgl. Deegener, Günther, 1998, Seite 34ff*).

Nach deutschen Untersuchungen beträgt die Prävalenzrate bei Frauen und Mädchen 6 bis 25 Prozent und bei Männern und Jungen 2 bis 8 Prozent. Die große Variabilität entsteht durch die vielen unterschiedlichen Definitionen, der Bestimmung der Altersdifferenz und dem Verständnis von sexuellem Missbrauch. Manche schließen bei sexuellem Missbrauch Exhibitionismus und Handlungen ohne Körperkontakt mit ein und andere wiederum nicht.

Bei höheren Prävalenzraten besteht eine geringe Altersdifferenz und sexueller Missbrauch ohne Körperkontakt wurde mit eingeschlossen.

Es wird vermutet, dass die Ergebnisse aus Untersuchungen eher Unterschätzungen sind. Man muss bedenken, dass bei einer einmaligen schriftlichen Befragung nicht jeder gleich fähig ist, über seine Gewalterfahrungen zu schreiben (*vgl. Oerter/ Montada, 2002, Seite 809f*).

Des Weiteren kommt hinzu, dass bei innerfamiliären Missbrauch die Geheimhaltung sehr verbreitet ist um die Familie zusammen zu halten.

Sexueller Missbrauch findet man gehäuft in Familien mit einem „niedrigen sozioökonomischen Status, Armut, sozialer Isolation oder durch Scheidung gestörten Familienverhältnissen“ (*Steinhausen, Hans-Christoph, 1988, Seite 253*).

4. Täter

In der Regel ist der Täter männlich und stammt aus den unterschiedlichsten Schichten. Es kann sowohl ein Erzieher, Arzt, Therapeut, Opa, Bruder, als auch Freund, Nachbar oder der eigene Vater des Opfers sein .

Oft weist die Persönlichkeit des Täters eine oder mehrere Probleme auf, die unter anderem folgende sein können:

1. Aggressionen
2. negative Selbstwertgefühl
3. oder Unfähigkeit eine Beziehung einzugehen.

Der Täter besitzt meist eine emotionale Entwicklungsverzögerung und ist nicht in der Lage oder weigert sich mit einem gleichaltrigen Partner eine Beziehung einzugehen. In Betracht zu ziehen ist ebenfalls, dass der Täter in seiner Kindheit eventuell selbst Opfer von sexuellem Missbrauch gewesen sein kann und versucht, durch den Rollenwechsel seine Opfererfahrungen zu bewältigen oder sich zu rächen (*vgl. Bundesarbeitsgemeinschaft Prävention und Prophylaxe e. V., Stand: 04.01.2005*)

Ein Mensch, der zu einer solchen Handlung fähig ist, wird auch von gesellschaftlichen Faktoren beeinflusst. Heutzutage setzen die Medien in Werbungen und Filmen oft auf erotisierte Darstellungen, um mehr Rezipienten zu erreichen und zu beeinflussen. Dadurch erhöhen sie die Verkaufszahlen, denn sie verkaufen die Sexualität als Ware.

Sexualität wird von der Gesellschaft akzeptiert und unterstützt vorwiegend aggressives Verhalten der Männer (z.B. Pornografie). Während früher die Pornografie tabuisiert wurde, verbreitet sich diese Branche in der heutigen Zeit. Nicht nur Erwachsene arbeiten in der Pornografie, sondern auch in vielen Ländern der Welt werden Kinder dazu gezwungen – auch hier in Deutschland (*vgl. Bundesarbeitsgemeinschaft Prävention und Prophylaxe e.V., Stand: 04.01.2005*).

Ein weiterer Faktor, der Täter vor dem sexuellem Missbrauch nicht abschreckt, ist das geringe Risiko der Strafverfolgung. Wissenschaftliche Untersuchungen haben ergeben, dass es nur in zehn Prozent der Fälle zu einer gerichtlichen Hauptverhandlung kommt. „Davon wiederum enden nur ca. zehn Prozent mit einem Schuldspruch des Täters, der nur in weiteren zehn Prozent in einer freiheitsentziehenden Maßnahme endet." (*NEIN!!! Gemeinsam gegen Kindesmissbrauch, Stand: 02.08.2005*).

Die meisten Täter zeigen oft Verhaltensweisen und auffällige Merkmale, die einen Außenstehenden erkennen lassen, dass diese Person „Etwas"

plant. Die ersten Anzeichen für sexuelle Neigungen zu Kindern ist beispielsweise das Sammeln von Kinderpornografie und – erotik, sowie Presseberichte über sexuelle Straftaten. Neben dem Sammeln sind ist der potentielle Täter ständig unterwegs, um Kinder zu fotografieren, filmen oder ihnen kleine Geschenke zu machen.
Der Täter verbringt den größten Teil seiner Zeit mit Kindern und schafft bewusst Situationen, in denen er alleine mit dem Kind sein kann. Er lädt sie nach Hause ein und versucht, durch spielerische Weise, wie z.B. „Doktorspiele", die Genitalien der Kinder anzufassen (*vgl. NEIN!!! Gemeinsam gegen Kindesmissbrauch, Stand: 02.08.2005*).

Die Öffentlichkeit glaubt, dass die Täter psychisch krank seien und ihre sexuellen Bedürfnisse nicht unter Kontrolle hätten. Sie werden oft als unattraktiv, krank und pervers dargestellt und besitzen weder gesellschaftlichen Erfolg, noch Ansehen. Diese weitverbreitete Meinung der Öffentlichkeit ist ein falsches Bild von Tätern, was dazu führt, dass der Täter nicht im Verwandten-, Bekannten und Familienkreis vermutet wird.
Diese Vorstellung muss sich ändern, damit Täter, welche häufig aus dem Familienkreis stammen, frühzeitig entdeckt werden und ein potentieller sexueller Missbrauch vielleicht verhindert werden kann (*vgl. NEIN!!! Gemeinsam gegen Kindesmissbrauch, Stand: 02.08.2005*).

Ein weiterer wichtiger Punkt ist, der angesprochen werden muss, dass auch Frauen zu Tätern werden können. Einer Frau wird in der Gesellschaft durch ihr Pflege- und Fürsorgeverhalten ein intensiverer Körperkontakt zum Kind zugestanden. Wenn die Öffentlichkeit erfährt, dass eine erwachsene Frau mit einem jüngeren - vielleicht auch pubertierenden - Jungen sexuellen Kontakt gehabt hat, wird es oft nicht sofort als sexuellen Missbrauch, sondern als „Einweihung ins Mannesalter" angesehen. Es wird behauptet, dass er dadurch mit Erfahrungen beschenkt wird. Dieses ist jedoch ein falsches Verständnis, denn durch diesen sexuellen Übergriff, kommt es zu erheblichen Störungen in der psychosexuellen Entwicklung (*vgl. Gegen Missbrauch e. V., Stand: 02.08.2005*).

Es gibt verschiedene Arten wie eine Frau zur Täterin werden kann: 1. ist die **„Liebhaberin“**, welche vorpubertäre oder pubertäre Jungen und Mädchen missbraucht. 2. die **vorbelastete Täterin** wurde früher selbst schwer und lange missbraucht. Sie handelt alleine und wählt sich meistens eigene Kinder aus, im Gegensatz zur Mitwisserin und Mittäterin. 3. die **Mitwisserin** weiß Bescheid, dass das Kind z.B. von seinem zum Beispiel (Stief-)Vater missbraucht wird. Sie unternimmt jedoch nichts, da sie vom Mann abhängig ist und eventuell Angst hat, dass ihre Familie „auseinander bricht.“ 4. die **Mittäterin** steht unter dem Einfluss vom männlichen Täter und wird von ihm gezwungen, sich an dem sexuellem Missbrauch am Kind zu beteiligen.
So wie Täterinnen unterschieden werden können, so kann auch ein Täter unterschiedlich klassifiziert werden (*vgl. NEIN!!! Gemeinsam gegen Kindesmissbrauch, Stand: 02.08.05*)

4.1 Klassifikation der Täter

Nach Schätzungen gehören etwa 90 Prozent der Täter dem regressiven Typ an.
Der **regressive Typ** orientiert sich sexuell primär auf Erwachsene, ist aber durch Kinder sexuell erregbar. Da er Probleme hat durch einen erwachsenen Sexualpartner befriedigt zu werden, greift er zur Beglückung auf Kinder zurück. In der Wissenschaft wird der regressiver Typ auch als Ersatzobjekttäter beschrieben.
Bei etwa zwei bis zehn Prozent richtet sich die primäre sexuelle Orientierung auf Kinder. Dieser Täter wird durch Erwachsene nicht oder nur kaum sexuell erregt. Dieser **fixierte Typ** ist auch unter dem Synonym „klassischer Pädophile“ bekannt.
Neben dem regressiven und fixierten Typ gibt es noch den **soziopathischen Typ**, der jedoch nur in Einzelfällen vorkommt. Der Typus, auch genannt sadistische Typ, benutzt die Sexualität als Mittel der Unterdrückung und empfindet nur wenig Emphatie für das Opfer. Wie es

der Name bereits verrät, weist dieser Typ sadistische Neigungen im Bezug auf die Sexualität (*vgl. Stangl, Werner, Stand: 10.08.05*).
Nach einer Studie am Deutschen Jugendinstitut in München verfolgen viele von ihnen trotz der vielen unterschiedlichen Klassifikationen von Tätern und Täterinnen meistens dieselbe Strategie.

4.2 Strategie von Tätern

Neben dieser Strategie gibt es noch andere, die auf unterschiedliche Weise ausgeführt werden. Der Täter kann den sexuellen Übergriff auf das Kind einerseits durch Androhung oder Ausübung von körperlicher oder psychischer Gewalt, andererseits durch vorgetäuschte Fürsorge oder Zuwendung erreichen. Die Strategie der Zuwendung wird häufig von Tätern ausgeübt, die aus dem innerfamiliären Bereich, und die Strategie der Gewaltandrohung von Tätern aus dem außerfamiliären Bereich kommen (*vgl. Stangl, Werner, Stand: 10.08.05*).
Zur Verdeutlichung wie Täter vorgehen, um sich Kinder zu nähern, werde ich nun im folgenden die **Strategie der Zuwendung** schildern.
Am Anfang entwickelt der Täter das Interesse an Kindern und hat schon vorher Fantasien, in denen sie vorkommen. Er plant langfristig und systematisch und sucht nun gezielt nach einer Gelegenheit. Bei seiner sorgfältigen Auswahl achtet er auf Schwächen des Opfers, um diese auszunutzen. Nach seiner Wahl versucht er sich vorsichtig dem Kind zu nähern und es durch Berührungen zu verwirren. Er wird gegenüber dem Kind immer liebevoller und fürsorglicher, steigert aber gleichzeitig seine Missbrauchhandlungen an dem Kind. Seine langfristige Beziehung zum Kind probiert der Täter entweder durch Versprechungen oder Drohungen aufrechtzuhalten.
Durch den sexuellen Missbrauch wird das Opfer seelisch und körperlich verletzt und gleichzeitig von dem Täter verängstigt und unterdrückt. Dadurch kann es zu einem gespaltenem Verhältnis zwischen Mutter und Kind kommen. Das Kind will seine Mutter mit Fakten nicht belasten und

die Mutter ist aus unterschiedlichen Gründen auch oft nicht fähig das Kind zu schützen.
Bei einem langfristigem Missbrauch richtet sich der Täter eine sogenannte Täterlobby ein, denn er weiß, dass Kinder von ihrem Umfeld nicht ernst genommen und geglaubt wird. Unter der Täterlobby versteht man Personen und Institutionen, die zugunsten des Täters arbeiten, beispielsweise durch eine verharmlosende oder rechtfertigende Darstellung des sexuellen Missbrauchsvorfall in der Öffentlichkeit. .
Der Täter fühlt sich in seiner Rolle sicher und fürchtet sich nicht entdeckt zu werden (*vgl. NEIN!!! Gemeinsam gegen Kindesmissbrauch, Stand: 02.08.05*).

5. Opfer

Täter haben keine besonderen Vorlieben. Kinder aus jeder Altersgruppe sind vom sexuellen Missbrauch betroffen. Der Anteil der Kinder im Vorschulalter beträgt acht bis vierzehn Prozent. Das Durchschnittsalter von Kindern, die sexuell missbraucht werden, zehn Jahre.
Überwiegend sind Kinder mit Belastungsmerkmalen innerhalb der Familie gefährdet. Solche Belastungsmerkmale können zum Beispiel Alkohol- und Drogenmissbrauch, Gewalt oder Vernachlässigung in der Familie sein.
Jedes dritte bis vierte Mädchen wird in Deutschland missbraucht. Bei 98 Prozent aller Missbrauchfälle bei Mädchen ist der Täter männlich und kommt zu 75 Prozent aus der Familie.
Wie beispielweise bei Scarlett, die sechs Jahre von ihrem Stiefvater missbraucht worden ist. Das erste Mal begann er seine Gewalttat an seiner Stieftochter als sie fünf Jahre alt gewesen ist. Trotz ihrer körperlichen Unterlegenheit versuchte sie sich gegen die Handlungen zu wehren, welches ihr jedoch nicht gelang. Sie wurde von ihrem Stiefvater massiv unter Druck gesetzt, indem er ihr erzählte, dass dies normal sei und das jeder Vater mit seiner Tochter macht. Scarlett wurde anal und oral

missbraucht und durfte mit niemanden darüber reden. Erst später schaffte sie es, von sich aus, ihren Stiefvater erfolgreich anzuzeigen.
Ihre Mutter wusste von der Straftat ihres Mannes von Anfang an, griff jedoch nicht ein oder beschützte ihr Kind. Mit diesem Verhalten hat sie sich als Mitwisserin im Bezug auf die Folgeschäden mitverantwortlich gemacht. Dieses ist kein Einzelfall, denn die Täter haben sich gezielt dieses familiäre Umfeld und die Lebenssituation des Kindes genauestens ausgesucht und darauf hingearbeitet (*vgl. Dunkelziffer e.V., Stand: 10.08.05*) .
Auch Jungen sind vom sexuellen Missbrauch nicht ausgeschlossen. Jeder siebte bis neunte Junge erleidet das gleiche Schicksal wie Mädchen, nur stammen bei ihnen die Täter außerhalb der Familie wie zum Beispiel Lehrer oder Sporttrainer (*vgl. Stangl, Werner, Stand:10.08.05*).
Es kann sein, dass die Zahl der männlichen Missbrauchopfer höher ist. Dieses lässt sich jedoch nur schätzen, da Jungen sich seltener zum Missbrauch bekennen. Dafür gibt es viele Gründe, unter anderem das Vorurteil das Jungen und Männer Stärke vorweisen sollen. Auch der Selbstvorwurf nimmt eine Rolle ein, weshalb sie zu dem Missbrauch schweigen. Sie sind oft der Meinung, dass sie sich hätten wehren müssen und haben ebenfalls Angst, von der Gesellschaft als homosexuell dargestellt zu werden (*vgl. Gegen Missbrauch e.V., Stand:02.08.05*).
Die Folgen von sexuellem Missbrauch sind vielfältig und meistens schwerwiegend. Mädchen finden sich in ihrer sozialen Umwelt oft nicht mehr alleine zurecht. In der Schule haben sie es schwer Freundschaften zu schließen und in der Pubertät kann es vorkommen, dass sie sich Schmerzen zufügen.
Bei Jungen sind die Symptome im Jugendalter anders: sie neigen stark in eine Drogen- oder Alkoholabhängigkeit zu verfallen und können aggressive Fantasien entfalten; eventuell auch ausleben.
Es ist jedoch äußerst schwierig feststellbar, ob die Symptome wirklich Folgen vom sexuellem Missbrauch sind, da es keine eindeutigen Symptome gibt. Hinzu kommt, dass nur 20 bis 30 Prozent der Betroffenen Symptome aufweisen; 21 bis 49 Prozent bleiben Symptomfrei. Dieses hängt mit der psychischen Belastung zusammen, die sich mit der

kognitiven Reife oder der ersten (sexuellen) Partnerschaft entwickelt. Ebenfalls kann es sein, dass die Mittel, die zur Feststellung eines Missbrauch eingesetzt wurden , für den Patienten nicht sensibel genug war (*vgl. Oerter/ Montada, 2002, Seite 815*).

6. Folgen und Diagnostik

Erste Anzeichen, wie etwa negative Veränderungen im Verhalten des Kindes, können Zeichen für schwere Belastungen sein, mit denen das Kind nicht umgehen kann. Bezugspersonen (Lehrer, Eltern etc.) sollten diese Verhaltensänderungen ernst nehmen und sie beobachten (*vgl. Menzel, Harald, Stand 2005*).

Soziale Isolation und das Fehlen am Schulunterricht können daraufhin deuten, dass es sich um ein Opfer eines intrafamiliären sexuellen Missbrauch handelt. Solche Inzest-Opfer sind aufgrund der Vorkommnisse unfähig, eine vertrauensvolle Beziehung zu jemandem aufzubauen und weisen oft ein dissozial, aggressives Verhalten, sowie suizidale Impulse auf (*vgl. Steinhausen, Hans-Christoph, 1988, Seite 254*).

Betroffene erhalten von missbrauchten Kindern selten mündliche Hinweise. Wenn z.B. ein Opfer indirekt anfängt etwas über „Doktorspiele“ mit dem Vater oder einer anderen Person zu erzählen, sollte man durch Nachfragen das Kind zum Weitersprechen animieren. Kinder verwenden jedoch eher bildliche oder spielerische Hinweise, in denen sie versuchen das Erlebte in ihrem Spieltrieb oder ihrer kreativen, kognitiven Entwicklung zu verarbeiten, zum Beispiel Rollenspiel, Malen. Hier ein paar Beispiele von Kindern im Alter von fünf Jahren:

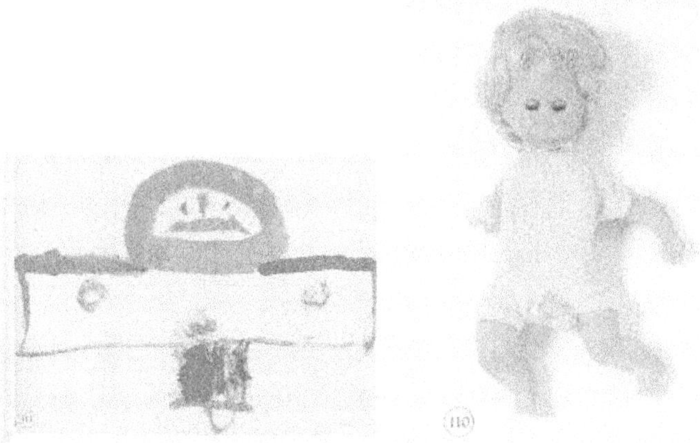

Quelle: Steinhage, Rosemarie, 1992, Seite136f

Jeder Hinweis ist differenzierter zu betrachten, da zum Beispiel die Interpretation von Bildern, subjektiv bei dem Betrachter liegt. Hinweise und Symptome sollten notiert werden und bei einer Häufung sind Fachleute mit einzubeziehen (*vgl. Gegen Missbrauch e.V., Stand:02.08.05*).

6.1 Hinweise im Verhalten

Wie schon erwähnt, können die Anzeichen auf sexuellen Missbrauch sehr unterschiedlich sein. Dieses ist abhängig von der Persönlichkeit und dem Alter des Opfers. Kinder im Alter von null bis sechs Jahren zeigen vor allem Ängste, Alpträume, Regressionen und internalisierendes sexuelles Verhalten. Dieses bedeutet, dass Kinder Puppen in beischlafähnliche Positionen bringen oder exzessiv masturbieren. Schulkinder im Alter von sieben bis zwölf Jahren leiden dagegen noch unter Schulproblematiken und können ein unreifes, hyperaktives und/ oder aggressives Verhalten aufweisen. In der Schule kann es zum Leistungsabfall kommen, da das Opfer überlegt wie er dem nächsten Missbrauch ausweichen kann. Kinder im Jugendalter (13 bis 18 Jahren) leiden besonders unter Depressionen,

Suizidneigungen, Somatisierung, sozialem Rückzug, sowie Drogen- und Alkoholmissbrauch. Das Opfer versucht durch Distanzierung und soziale Verschlossenheit, vor allem die Menschen zu schützen, die ihm etwas bedeuten (*vgl. Oerter/ Montada, 2002, Seite 814*).
Häufig vernachlässigen missbrauchte Kinder ihr Äußeres und die Hygiene, um möglichst unattraktiv auf andere zu wirken. Bei jüngeren Opfern können auch verschlüsselte Signale auftreten, wie zum Beispiel das Stellen von Fragen über sexuelle Handlungen, die es noch gar nicht wissen kann oder es weigert sich alleine wegzugehen (soziales Umfeld wahr nehmen). Es kann auch zur Stigmatisierung kommen: einerseits kann es zur Entstehung von Schuldgefühle und einem niedrigen Selbstwertgefühl kommen, andererseits können Selbstbestrafungstendenzen, Magersucht oder Fettleibigkeit oder Identitätsstörungen auftreten (*vgl. Braecker, Solveig/Wirtz- Weinrich, Wilma, 1991, Seite 29ff*).

6.2 Körperliche Symptome

Neben den Anzeichen im Verhalten, gibt es auch körperliche Symptome für sexuellen Missbrauch. Durch eine körperliche Untersuchung kann ein Arzt oftmals nicht eindeutig erkennen, ob es sich um einen sexuellen Missbrauch handelt. Dieses ist sehr häufig ein Problem, denn die „sexuelle Ausbeutung von Kindern hinterlässt oftmals keine körperlichen Symptome“ (*Enders, Ursula, 1992, Seite 164f*). Trotzdem gibt es Auffälligkeiten, denen man Beachtung schenken sollte: zum Beispiel „Knutschflecke“, Bissringe und Blutergüsse an Hals, Brust oder blaue Flecke am Oberschenkel (*vgl. NEIN!!! Gemeinsam gegen Kindesmissbrauch, Stand:02.08.05*). Verletzungen am eigenen Körper, wie Haare ausreißen oder das Einführen von Gegenständen in Darm und Vagina, Krankheiten wie Blasenentzündung oder chronischer vaginaler Ausfluss und Schmerzen durch anale, orale oder vaginale Verletzungen sind ein paar der vielen möglichen Symptome (*vgl. Gegen Missbrauch e.V., Stand: 02.08.05*).

6.3 Trauma

Sexueller Missbrauch führt sehr häufig zu einem Trauma, einer Langzeitfolge, aus der das Opfer meistens nur durch die Hilfe Außenstehender herauskommen kann. Trauma ist ein „plötzliches, intensives, gewalttätiges und schmerzhaftes Ereignis, das die psychische Verarbeitungsmöglichkeiten eines Menschen überfordert" (*vgl. Diepold, Barbara, 1998, Seite 131*).

Ein Trauma kann durch Unfälle, Misshandlungen oder sexuellem Missbrauch ausgelöst werden. Es ist ein Erlebnis großer Hilflosigkeit, in der das Kind seelische und/oder körperliche Qualen erleidet.

Ob es sich wirklich um ein Trauma handelt, „hängt von der Intensität des Reizes, der Persönlichkeitsstruktur des Betroffenen und der Entwicklungsphase ab, in der das Ereignis eintritt" (*Hirblinger, Annedore, 1998, Seite 145*).

Zeichen für posttraumatische Belastungsstörungen können unter anderem sein: Plötzliches Erinnern an das Ereignis, stark beklemmende oder quälende Träume wie etwa Halluzinationen, Flash-Backs oder deja-vu-Erlebnisse.

Patienten mit einem Trauma müssen professionelle Hilfe bekommen und eine Therapie beginnen, damit sie wieder in ein „normales" Leben zurückkehren können. Erst im Laufe einer Therapie wird den Opfern bewusst, was ihnen zugefügt worden ist. Begleiterscheinungen sind beispielsweise oftmals, Verstärkung sexueller Kontaktstörungen, narzisstische Beeinträchtigung, starkes ungerichtetes diffuses Angst- und Schulderleben oder reaktive Depressionen (*vgl. Hirblinger, Annedore, 1998, Seite 145ff*).

7. Umgang mit missbrauchten Kindern

Am wahrscheinlichsten erfährt ein Außenstehender vom Schicksal eines Kindes durch Verhaltensauffälligkeiten, welche beobachtet und mit Datum und Gesprächsinhalt aufgezeichnet werden sollten. Manchmal versucht ein Kind auf unterschiedlichste Weise sich anderen Menschen mitzuteilen. Es können Hinweise sein, wie zum Beispiel: "Der Vater oder der Freund der Mutter fasst mich immer so komisch an" oder „wenn ich nackt im Bad bin, guckt Vater immer, ob ich überall richtig sauber bin" (*Braecker, Solveig/ Wirtz-Weinrich, Wilma, 1991, Seite 42*). Wenn ein Kind eine Person in sein Vertrauen zieht und ihm von dem Erlebnis erzählen möchte, sollte man folgendes beachten: Die Vertrauensperson sollte dem missbrauchten Kind Vertrauen schenken und ihm Mut zu sprechen, denn ein Kind hat häufig einen Gewissenskonflikt durch ein Versprechen dem Täter gegenüber. Man sollte sich Klarheit und Übersicht über das momentane Geschehen verschaffen und eine Sprache wählen, in der das Kind sie versteht (*vgl. Deegener, Günther, 1998, Seite 127ff*). Fragen wie „Ist das wirklich wahr?" oder „Warum hast du das nicht schon früher gesagt" sollten vermieden werden. Eher sollte man dem Kind mitteilen „Es war gut, dass du es jetzt gesagt hast, du bist nicht das einzige Kind, dem so etwas passiert ist" (*Breacker, Solveig/ Wirtz-Weinrich, Wilma, 1991, Seite 42*). Dem Kind muss verständlich gemacht werden, dass es das Geheimnis ihnen anvertrauen kann, und das sie das Kind ernst nehmen. Die Person sollte sich gegenüber dem Opfer ruhig und geduldig verhalten, wenn es ihnen Einzelheiten über den sexuellen Missbrauch schildert. Es sollte keine Entscheidung ohne das Kind getroffen werden. Ebenso sollte vermieden werden, dem Kind ein unlösbares Versprechen zu geben. Ansprechbarkeit und Hilfsbereitschaft sind wichtige Signale, die einem Kind gezeigt werden sollten. Wichtig ist, dem Kind niemals zu sagen, dass es sexuell missbraucht wurde, sondern es für seinen Mut zu loben. Die Vertrauensperson soll dem Kind verdeutlichen, dass die Verantwortung und Schuld für die Tat bei dem Erwachsenen liegt.

Um Situationen besser einschätzen und verstehen zu können, sollte die Vertrauensperson sich selbst informieren. Ein weiterer wichtiger Aspekt ist, wenn sich ein Kind einem Erwachsenen geöffnet hat, dass es zu keinem Personenwechsel kommt, da dieses die Hilfe gefährden könnte. Das Kind könnte einen solchen Wechsel falsch verstehen und den Missbrauch für sich behalten, aus Angst jemanden zu verletzen.
Falls es zu der Erhärtung des Verdachts kommt, sollte man sich an eine Beratungsstelle wenden, das Jugendamt, einen Arzt oder an andere fachliche Institutionen. Durch die gemeinsame Aufklärung ist eine frühzeitige Erkennung, das Leisten von Hilfe und die Verhinderung von Übergriffen möglich (*vgl. Menzel, Harald, Stand: 2005*). Spezifische Institutionen für sexuell missbrauchte Kinder wären beispielsweise:

Anlaufstellen für Kinder	**speziell für Mädchen**	**speziell für Jungen**
„Zartbitter" / bundesweit	„Wildwasser" / bundesweit	„Mannege" / Berlin
Deutscher Kinderschutzbund bundesweit	„Mädchenhaus Bielefeld"	„Männer gegen Männergewalt" Hamburg / Heidelberg
Pro Familia / bundesweit	„Schlupfwinkel" / Nürnberg	
Weißer Ring / bundesweit	„IMMA" / München	
„Kind im Zentrum" / Berlin	„Dolle Deerns" / Hamburg	
„Korallenriff" / Berlin	„Mädchentreff" / Kiel	

Quelle: Balzer, Beate, 1998, Seite 107

7.1 Unterstützung der Eltern

Aber auch die Eltern betroffener Kinder erleben in dieser Zeit eine emotionale Erschütterung, so dass sie ebenfalls eine intensive Betreuung benötigen. Deshalb wäre es hilfreich, wenn sie mit einem Berater zusammen Fragen sortieren und notwendige Schritte zur Beendigung des Missbrauchs planen. Besonders entlastend sind für Eltern Gespräche ohne Zeitdruck, wo ihnen jemand zuhört. Neben Beratungsgesprächen, kann ein Telefonkontakt, eine Begleitung zu einzelnen Terminen (Jugendamt, Polizei oder Lehrer) und auch Angebote

familienunterstützender Hilfe durch das Jugendamt für die Betroffenen sehr hilfreich sein.
Dadurch fühlen sie sich in ihrer Aufgabe nicht alleine, sondern in ihrem Glauben und Verdacht bestärkt. So fällt es ihnen leichter, Schritte gegen den vermutlichen Täter einzuleiten (*vgl. Enders, Ursula, 2003, Seite 39ff*).

7.2 Intervention

Bei Beratungsstellen, Jugendämtern und anderen Institutionen ist zu beachten, dass der Name des Opfers anonym bleibt und diese bereits über Erfahrungen verfügen.
Oft ist die Erhaltung der Anonymität bei Jugendämtern nicht möglich, deshalb muss man sich, wenn man auf Anonymität wert legt, an eine andere Beratungsstelle wenden, wie beispielsweise konfessionelle und städtische Erziehungsberatungsstellen, Kinderschutzbund, allgemeiner sozialer Dienst oder ambulanter Kinder- und Jugendpsychiatrie.
Das Jugendamt ist nicht nur eine Beratungsstelle, sondern auch eine Eingriffinstitution. Familienhelfer/Innen können auf unterschiedlichste Weise vor Ort arbeiten. Die Sozialarbeiterin kann informell arbeiten, indem sie der Familie koordinierte und organisierte Unterstützung anbietet. Formelle Hilfe wäre die Zuordnung einer allgemeinen Erziehungsbereitschaft. Die dritte Möglichkeit wäre die Herausnahme des Kindes aus der Familie und die Einweisung in ein Heim oder eine Pflegefamilie nach §42 des KJHG (Kinder- und Jugendhilfegesetz).
Wird der Entschluss gefasst, das Kind außerhalb der Familie aufzunehmen, ist zu überlegen, dass in der Heimsituation auf eine Geschlechter - getrennte Unterbringung geachtet wird. Jedoch ist zu bedenken, dass die Aufnahme in eine Pflegefamilie oder in ein Heim, niemals einen absoluten Schutz für das Kind, vor eventuell weiteren Missbrauchshandlungen gewährt.
Ob das Kind für einen Zeitraum eine andere Unterbringung benötigt, ist abhängig vom Täter. Handelt es sich um einen außerfamiliären Täter,

kann das Opfer von der Familie und dem nahen Umfeld beschützt werden, wobei dies bei einem innerfamiliären Täter nicht möglich ist *(vgl. Braecker, Solveig/ Wirtz- Weinrich, Wilma, 1991, Seite 46f)*.

Eine Form der adäquaten, umfassenden Hilfe ist bei Annahme eines innerfamiliären Täters, die Zusammensetzung aller beteiligten Personen und Institutionen. Alle Personen, die mit dem betroffenen Kind oder der Familie involviert sind, überlegen gemeinsam, wie man dem Kind helfen kann. Eine solche Zusammenkunft wird Helferkonferenz oder **Krisenintervention** genannt. Alle Beteiligten verpflichten sich dem spezifischen Datenschutz.

Die Planung und Durchführung der Intervention bedarf der engen Zusammenarbeit von Fachkräften aus den drei folgenden Bereichen:

1. Kinderschutz-Bereich:

Er übernimmt bei innerfamiliären Missbrauch die mögliche Trennung zwischen Täter und Opfer. Die Distanzierung kann gewährleistet werden, wenn der Täter (Stief-, Vater etc.) die Familie verlässt, welches die vorteilhafteste Variante für die Belange des Kindes wäre, da es bei der Familie bleiben könnte. Dem Kind wird damit besser verdeutlicht, wer die Schuld für die Missbrauchshandlungen und die daraus folgenden Konsequenzen tragen muss. Die zweite und häufigste Variante wäre, dass das Kind die Familie verlässt und in einem Heim oder einer Pflegefamilie untergebracht wird, da sich die Mutter erfahrungsgemäß oft nicht von dem Täter trennt.

2. Therapeutischer Bereich:

Er ist verantwortlich für die Unterstützung, Begleitung, Beratung und Therapie des Opfers und der betroffenen Personen. Es soll geklärt werden, ob die Geschwister oder die übrige Familie ebenfalls traumatisiert sind und notfalls eine eigene Beraterin oder Therapeutin bekommen.

3. Juristischer Bereich:

Dieser Bereich wird erst zu einem späteren Zeitpunkt benötigt, wenn die Betroffenen den sexuellen Missbrauch als Realität anerkennen und es zu einer Anzeige und daraufhin zu einer Verurteilung kommt.

Bei einer Krisenintervention müssen also folgende Personen anwesend sein: Vertrauensperson, Jugendamtsozialarbeiter/Innen, Beratungsstellen, therapeutische Einrichtungen, andere involvierte Helfer/Innen (Heimpersonal), die Person, die den Täter mit seinem Verbrechen konfrontiert und zu einem späteren Zeitpunkt – falls sie sich zu einer Anzeige entschließen - die Polizei und/oder ein Anwalt. Manchmal hat die Mutter selbst den Verdacht des sexuellen Missbrauchs in der Familie und wendet sich an eine Fachkraft (*vgl. Lercher, Lisa/Derler, Barbara, 1995, Seite 52ff*). In diesem Fall kann die Mutter mit in die Vorbereitungsphase einbezogen werden.

Die Aufgaben der Helferkonferenz sind einerseits der Austausch der unterschiedlichen Wahrnehmungen und Sichtweisen, andererseits das gemeinsame Erstellen eines Hilfeplan. Hierbei müssen vorhandene Hilfsangebote, die Situation und Bedürfnisse des Kindes und dessen Familie berücksichtigt werden. Das Ziel der Krisenintervention ist das Verhindern der sekundären Schädigung des Kindes und die Entwicklung klarer Perspektiven für das Kind und seiner Familie.

In der ersten Sitzung der Helferkonferenz werden Informationen und Einschätzungen ausgetauscht und der Verdacht durch Fragen wie „Müssen weitere Personen oder Institutionen mit einbezogen werden?" oder „Welche weiteren Maßnahmen können für das Kind, die Geschwisterkinder notwendig werden?" (*Berlin.de Senatsverwaltung für Bildung, Jugend und Sport, Stand: 18.08.05*) abgeklärt.

Ein wichtiger Aspekt in der Phase Verdachtsabklärung und der Vorbereitung des Konfrontationsgespräches ist, dass der Täter keine Vermutung über die Aufdeckung seines Verbrechen haben darf. Dieses könnte zum Scheitern der Intervention führen, denn der Täter wird den Druck auf das Kind verstärken, so dass es möglicherweise seine Aussage widerruft.

Deshalb erfolgt ein professionelles Gespräch mit dem Kind, welches über weitere Schritte der Krisenintervention unterrichtet wird. Außerdem wird es auf das Gespräch mit den Eltern vorbereitet, bevor die Eltern mit dem Verdacht konfrontiert werden. Die Führung und Koordination der Hilfeplanung erfolgt nach Absprache der gemeinsamen Strategie, durch den Sozialpädagogischen Dienst des Jugendamtes und in Abwesenheit des Kindes.

Den Eltern werden alle recherchierten Fakten, Symptome und Verhaltensweisen des Kindes, sowie die Aussage des Kindes mitgeteilt . Durch ein überzeugtes und emphatisches Auftreten erhofft sich die Helferkonferenz, dass die Eltern und der Täter die Verantwortung für ihr Handeln übernehmen und sich den Vorwürfen stellen. Den Eltern soll im Laufe des Gespräches ihre elterliche Sorgeverpflichtung für das körperliche und seelische Wohl des Kindes bewusst werden.

Der Täter erhält bei diesem Zusammentreffen die Möglichkeit, sich zu dem sexuellen Missbrauch zu bekennen, und es folgt eine Besprechung über die vorübergehenden Trennung zwischen Täter und Opfer. Des Weiteren werden Vereinbarungen über pädagogische, therapeutische und vielleicht auch juristischen Maßnahmen getroffen. Es handelt sich etwa um die Klärung des langfristigen Aufenthaltsort des Kindes, die Verarbeitung der Folgen des sexuellen Missbrauchs und die Trennung von der Familie, sowie Hilfen für die Familienangehörigen (*vgl. Berlin.de Senatsverwaltung für Bildung, Jugend und Sport, Stand: 18.08.05*).

Wird eine Trennung zwischen Täter und Opfer entschieden, kommt es zu einen weiteren, schwerwiegenden Entschluss: **Der Strafantrag**. Einerseits möchten die Betroffenen dem Kind keine zusätzlichen Belastung zumuten, andererseits kommt es ohne Strafanzeige zu keiner Verurteilung und damit zu keiner Sanktion für den Täter.

Der Erfolg einer Verurteilung hängt von der Aussage des Opfers ab. Oft ist es der einzige Beweis, denn andere Beweise wie körperliche Spuren oder Zeugen fehlen. Verweigert oder widerruft das Kind seine Aussage ist eine Strafanzeige gefährdet und das Verfahren wird daraufhin wegen Mangel an Beweisen eingestellt (*vgl. Enders, Ursula, 2003, Seite 44*).

Beim Entschluss einer Anzeige kommt es zu einem Strafverfahren, welches sich in Ermittlungs-, Zwischen- und Hauptverfahren gliedert.
Das **Ermittlungsverfahren** wird mit der Strafanzeige eingeleitet und durch die Staatsanwaltschaft geleitet, die zusammen mit der Kriminalpolizei arbeitet. Danach erfolgt die Vernehmung des betroffenen Kindes, wo es wiederholt den Tathergang detailliert schildern muss, da diese Aussage die Grundlage für das Verfahren ist. Eigentlich sollte die Vernehmung kindgerecht gestaltet sein (z.B. Malen) und in einer „an den kindlichen Bedürfnissen orientierten Atmosphäre stattfinden" (*Braecker, Solveig/Wirtz-Weinrich, Wilma, 1991, Seite 55f*). Dieses ist jedoch problematisch, da die Beamten an der Ermittlung des Strafbestandes interessiert sind, und oft über keinen erfahrenen Beamten verfügen. Zum Abschluss des Ermittlungsverfahrens wird eine psychologische Begutachtung des Kindes vorgenommen, um die Glaubwürdigkeit des Kindes zu ermitteln. Da es zu 90 Prozent positiv ausfällt, wird es oft als Druckmittel gegen den Täter benutzt, damit der Täter seine Tat gesteht. Dieses geschieht sehr häufig mit Erfolg, so dass das Kind im weiteren Verfahren nicht erneut aussagen muss, „weil kein weiteres Beweismittel erforderlich ist" (*Braecker, Solveig/ Wirtz-Weinrich, Wilma, 1991, Seite 57*).
Es kommt zum **Zwischenverfahren**, wo das Gericht die Verfahrensleitung übernimmt und das Hauptverfahren eröffnet.
Das **Hauptverfahren** ist das Kernstück des Prozesses, in dem es zur Urteilsverkündung kommt. Die Beweisaufnahme beruht auf der Unmittelbarkeit und Mündlichkeit, wodurch alle Personen - auch das Kind - nochmals verhört werden müssen, da Beweissurrogate (z.B. Vernehmungsprotokolle) prinzipiell ausgeschlossen werden. Eine andere Möglichkeit dem Kind die Zeugenaussage zu ersparen wäre, dass Kind im Vorfeld von einer richterlichen Vernehmungsperson vernehmen zu lassen (*vgl. Braecker, Solveig/Wirtz-Weinrich, Wilma, 1991, Seite 53ff*).
In Absprache mit dem Rechtsanwalt sollte ein Antrag auf Nebenklage gestellt werden. Dieses hätte Vorteile für die Familie des betroffenen Kindes. Es wird ermöglicht das Gerichtsverfahren beispielsweise durch die ununterbrochene Anwesenheit, der Beantragung des Ausschlusses des

Angeklagten während der Zeugenaussage des Kindes oder dem Fragerecht gegenüber dem Angeklagten und Zeugen mit zu beeinflussen. Oft werden für das Kind Gerichtsvorbereitungs- bzw. Prozessbegleitungsprogramme angeboten, um es auf die Situation im Gerichtssaal vorzubereiten. In einigen Bundesländern wie dem Saarland sind Stellen im Sozialdienst der Justiz eingerichtet worden, wo Sozialarbeiter/Innen u.a. folgendes anbieten: vorbereitende Gespräche, Informationen bzgl. des Ablaufs der Gerichtsverhandlung, gemeinsame Besichtigung des Gerichtssaals, Besprechung des Urteils oder der Vermittlung weitergehender Hilfsangeboten *(vgl. Deegener, Günther, 1998, Seite 202ff)*.
Bei Bedarf gibt es für betroffene Kinder nach einer medizinischen Untersuchung weiterführende Hilfen wie die Maltherapie, Psychotherapie oder Kunst- und Gestaltungstherapie. Sie sollen dem Kind helfen u.a. die seelischen Wunden zu heilen (*vgl. NEIN!!! Gemeinsam gegen Kindesmissbrauch, Stand: 02.08.05*).

7.3 Prävention

Kinder müssen besser vor Sexualstraftaten beschützt werden, damit ihnen ein solches Schicksal erspart bleibt. Dieses wird jedoch nicht durch Ratschläge wie „Bleib in der Nähe des Hauses!" oder „Nimm keine Süßigkeiten von Fremden!" (*Enders, Ursula, 2003, Seite 66*) erreicht. Dies sind Falschinformationen für das Kind, da Täter nicht nur Fremde sind, sondern meistens eine vertraute Person. Sie können zur Schwächung des Selbstbewusstseins führen können. Auch Medien können schadende Botschaften wiedergeben, welche zur Verunsicherung des Kindes führen können (*vgl. Enders, Ursula, 2003, Seite 66ff*).
Die Art der „traditionellen Prävention" hat keine schützende Funktion. Das Kind erhält ein Verbot und eine Einschränkung, aber keine Erklärung dazu. Prävention soll Kinder stärken und nicht gegenteiliges bewirken.

In der Wissenschaft gibt es eine Unterteilung von Prävention: 1. die **primäre Prävention**, welche das Auftreten psychischer Störungen verhindern soll 2. die **sekundäre Prävention**, die psychische Erkrankungen frühzeitig erkennen und behandeln soll 3. die **tertiäre Prävention**, die negative Folgeerscheinungen und Konsequenzen manifester, psychischer Störungen verhindern soll 4. die **Individuumszentrierte Prävention**, die das Selbstbewusstsein stärken soll 5. **Umwelt- oder systemorientierte Prävention**, die „sich auf die Analyse, Veränderung und Stabilisierung von pathogenen bzw. förderlichen, auf verschiedenen Ebenen angelegten Umweltbedingungen“ (Ziegler, Franz, 1990, Seite 138) konzentriert 6. die **spezifische Prävention**, welche die psychischen Störungen reduzieren soll und 7. die **unspezifische Prävention**, die Maßnahmen zur Verbesserung allgemeiner Konzepte, Wohlbefinden und Gesundheit umfasst. Wie man hieran erkennt, liegen Intervention und Prävention so Nahe beieinander, dass sie einen fließenden Übergang bilden. Während die Punkte 1. bis 3. auch als Intervention verstanden werden können, sind die Punkte 4. bis 7. präventiv gemeint(*vgl. Ziegler, Franz, 1990, Seite 137f*).
Präventive Arbeit sollte jedoch nicht in einem ein- oder zweimaligem Intensivkurs stattfinden, sondern fortlaufend, dem Alter- und Entwicklungsstand des Kindes angepasst, im Erziehungsalltag eingegliedert werden. Es sollte eine gewaltfreie, emanzipatorische sowie Selbstbewusstseins und Selbstständigkeit fördernde Erziehung sein, damit das Kind nicht zu einem „idealen Opfer“ wird.

Der heutige Erziehungsalltag zeigt jedoch gegenteiliges: Ständiges kritisieren am Verhalten der Kinder. Kinder sind sehr häufig die Sündenböcke für alltägliche Stresssituationen der Eltern, wobei Faktoren wie Armut oder Arbeitslosigkeit hinzukommen und die Belastungen erhöhen. Daraus folgt, dass das Kind starke ausgeprägte Gefühle für Schuld, Scham, Unsicherheit oder Angst entwickelt. Es kann vorkommen, dass Kinder in einer solchen Lebenssituation eine „zweite Persönlichkeit“ bilden, um die Liebe der Eltern nicht zu verlieren. Dieses wäre zu vermeiden, wenn Eltern sich eingestehen würden, dass sie in der

Erziehung überfordert wären, und sich hilfesuchend an Stellen wie das Jugendamt oder Familien-, Ehe- und Lebensberatungsstellen wenden würden (*vgl. Deegener, Günther, 1998, Seiten 184- 200*).
Erziehung sollte darauf hinzielen, Mädchen und Jungen Eigenwilligkeit, Selbstbewusstsein, Mut und Durchsetzungsfähigkeit zu lehren. Sie müssen sich ihrer eigenen Körpergrenzen bewusst werden und die anderer respektieren, dann wird es ihnen leichter fallen sexuelle Übergriffe zu erkennen und zu handeln.
Erwachsene sollten sie dabei offensiv unterstützen ihre Rechte einfordern zu können. Sie ermöglichen so eine zusätzliche Sensibilisierung, die den Beginn von möglichen Missbrauchshandlungen frühzeitig, klarer bewusst werden lässt.
Auch die Vermittlung des heutigen männlichen Bildes bzw. Rollenverständnisses muss sich ändern: es ist nicht notwendig, durch ein selbstsicheres, „cooles" Auftreten und notfalls mit dem Einsatz von körperlicher Gewalt bei anderen, anerkannt zu werden. Stärke und Mut ist anderweitig möglich. Ein weiterer, weit verbreiteter Fehler ist den männlichen Kindern und Jugendlichen zu vermitteln, dass die Sexualität einerseits ein Weg der Nähe und Intimität, andererseits ein Instrument ist, um Bedürfnisse nach Selbstbestätigung und Kontrolle zu spüren. Durch eine früh einsetzende emanzipatorische Jungenarbeit, soll das momentane Mannesbild gewandelt und friedvollere Konfliktlösungen vermittelt werden (*vgl. Enders, Ursula, 2003 Seite 66- 71*).
Solche und andere Lerninhalte wie Selbstbestimmungsrecht über seinen Körper, Unterschiede von Berührungen, Umgang mit Geheimnissen, das Vertrauen auf Gefühle und Bewertungen oder das Recht auf „NEIN"-Sagen und sich wehren stammt aus Programmen, die in den letzten fünfzehn Jahren entwickelt wurden. Sie sollen zu einem verbesserten Wissen bei Kindern führen, welches vom Alter der Kinder und deren Entwicklung abhängig ist.
Trotz der verschiedenen Konzepte gibt es jedoch kein gesichertes Forschungsergebnis, welches besagt, das Kinder aus ihren Erfahrungen dazugelernt haben und ihr dazu gewonnenes Wissen anwenden. Es wurde festgestellt, dass die Kinder nach einem Vorbeugungsprogramm

häufiger über sexuellen Missbrauch berichten. Die Nachteile von diesen Kursen und Programmen ist, dass die Beendigung des sexuellen Missbrauchs allein von dem Kind abhängig gemacht wird, meistens auf außerfamiliären Missbrauch gerichtet ist und keine Rücksicht auf den emotionalen und geistigen Entwicklungsstand des Kindes genommen wird. Das Thema „Sexualität" wird oft ausgeklammert und Eltern oder andere Bezugspersonen (Lehrer) werden nicht mit einbezogen, damit sie gegenüber dem Kind ihr Erziehungsverhalten ändern und neue Verhaltensweisen akzeptieren können. Denn es ist wichtig die Verantwortung nicht den Kindern zu überlassen, sondern den Erwachsenen, die für den Schutz und das Wohl des Kindes verantwortlich sein sollen (*vgl. Deegener, Günther,1998, Seite 180ff*).

Deshalb sollte Präventionsarbeit mit in den Erziehungsalltag einbezogen werden (Kindergarten/Schule etc.).

Es können dort Elternabende stattfinden, wo die Inhalte der geplanten Projekte vorgestellt und diskutiert werden können. Bemerken Eltern schon vorher, dass Jungen Mädchen sexuell belästigen, sollten sie von sich aus einen Elternabend aufrufen und eigene Themenvorschläge erbringen z.B. sexueller Missbrauch, Kinderechte, Sexualerziehung, Vorbeugung von Gewalt (*vgl. Deegener, Günther, 1998, Seite 201f*).

Maßnahmen für schulische Prävention wären Theaterstücke (Bsp. Psychodrama), Unterrichtseinheiten, Kreativangebote im Rahmen einer Projektwoche oder themenbezogene Gruppenarbeit (*vgl. Lappe, Konrad/ Schaffrin, Irmgard/ Timmermann, Everlyn, 1993*). Hier einige Beispielmaterialien:

Quelle: Lappe, Konrad/ Schaffrin, Irmgard/ Timmermann, Everlyn, 1993,Seiten 57 und 131

Bei der Präventionsarbeit in mulikulturellen Gruppen muss berücksichtigt werden, dass der Umgang mit den Geschlechtern durch den kulturellen Hintergrund, der Nationalitäten und Religionen geprägt wird (*vgl. Enders, Ursula, 2003, Seite 66- 71*).

Damit Erwachsene präventiv arbeiten können, müssen auch für sie Angebote wie Fortbildungen, Fachliteratur oder Broschüren erstellt werden, um ihnen das Wissen zu vermitteln, welches sie den Kindern weitergeben können.

8. Fazit

Nach einer intensiven Recherche zum Thema „Sexueller Missbrauch an Kinder- Fakten und Prävention" komme ich zur folgenden Schlussfolgerung:

Wenn ein Erwachsener einen Verdacht hat, sollte er diesen nicht ignorieren, sondern reagieren.

In unserer Gesellschaft wird dieses Thema immer noch tabuisiert. Rechte, die im Strafgesetzbuch, Kinder- und Jugendhilfegesetz und bürgerlichem Gesetzbuch festgesetzt wurden, sind Kindern aufgrund fehlender Aufklärung oft nicht bekannt, und können deshalb keinen Gebrauch davon nehmen. Hinzu kommt die große Abhängigkeit der Kinder von den Erwachsenen.

Sie werden häufig „manipuliert, psychisch überfordert, vernachlässigt oder missbraucht und ihre eigenen Bedürfnisse und Wünsche kaum wahrgenommen“ (*Balzer, Beate, 1998, Seite 135*).

Dies muss sich ändern: Kinder müssen mehr beachtet und beschützt werden, um kriminelle Handlungen an Kindern bestmöglichst vermeiden und ausschließen zu können.

Es liegt an den Erwachsenen sich über Gewalttaten zu informieren, damit sie bei einem missbrauchten Kind, dass bestimmte Erkennungskriterien zeigt, die Signale deuten und helfen können. Natürlich ist dieses eine schwere Aufgabe, bei der man nicht übereilt Entschlüsse treffen darf, da bei einem Verdacht schöpfenden Täter das betroffene Kind noch mehr gefährdet ist. Ebenfalls ist zu beachten, dass es kein bestimmtes Täterprofil gibt und man ein Erwachsener, der ein besonderes Interesse an Kindern besitzt, nicht gleich ein Sexualstraftäter sein muss.

Jeder Verdachtspunkt sollte daher notiert und beobachtet werden und bei einer Verdachtserhärtung, sollten Fachkräfte aus verschiedenen Bereichen hinzugezogen werden, damit sie zusammen beraten können wie der Missbrauch bestmöglichst beendet werden kann.

Jedoch hat sich in verschiedenen Berichten herausgestellt, „dass Bezugspersonen aus dem weiteren Umfeld wie Schule, Jugendämter, Freizeiteinrichtungen u.a. auf Hilferufe oft gar nicht reagiert oder nur inadäquat Personen um Unterstützung gebeten haben, bevor eine Intervention erfolgte.“ (*Heiliger, Anita, 2000, Seite 131*).

Demzufolge scheint es, dass Institutionen ihre Aufgabe als Wächteramt, hinsichtlich Kinderschutz und Kindeswohl, häufig verfehlen, da sich sexueller Missbrauch durch ihre Haltung nicht verhindert, sondern ermöglicht wird.

Aus diesem Grund muss frühzeitig präventive Arbeit im Erziehungsalltag, im Kindergarten und in der Schule geleistet werden, damit Kinder rechtzeitig aufgeklärt sind und somit Situationen sicherer einschätzen können.

Auch durch verschiedene Präventionsprogramme wird das Wissen der Kinder zu dem Thema erweitert. Kinder werden durch präventive Arbeit in ihrem Selbstbewusstsein und Selbstständigkeit gestärkt.

Trotzdem sollte zum Schluss nochmals betont werden, dass die Verantwortung in Bezug auf Schutz und Wohl des Kindes bei den Erwachsenen liegt. Nicht nur die Haltung der Kinder zu diesem Thema muss geändert werden, sondern ebenfalls und im besonderen Maße die der Erwachsenen.

Literatur

- Balzer, Beate: Gratwanderung zwischen Skandal und Tabu – Sexueller Missbrauch von Kindern in der Bundesrepublik; Centaurus-Verlagsgesellschaft; Pfaffenweiler; 1998
- Berlin.de Senatsverwaltung für Bildung, Jugend und Sport: "Sexueller Missbrauch – Ansprechen und angesprochen werden" URL: www.senbjs.berlin.de/familie/sexuellermissbrauch/sexmiss5.asp#2 Stand: 18.08.05
- Braecker, Solveig/Wirtz-Weinrich, Wilma: Sexueller Missbrauch von Mädchen und Jungen; Beltz Verlag, Weinheim und Basel; 1991
- Bundesarbeitsgemeinschaft Prävention und Prophylaxe e.V.: "Wer übt sexuellen Missbrauch aus?" URL: www.praevention.org/taeter.htm Stand: 04.01.05
- Burger, Edith/Reiter, Karoline: Sexueller Missbrauch von Kinder und Jugendlichen – Intervention und Prävention; Verlag W. Kohlhammer GmbH; Stuttgart; 1993
- Deegener, Günther: Kindesmissbrauch – erkennen, helfen, vorbeugen; Beltz Verlag; Weinheim und Basel; 1998
- Diepold, Barbara: Schwere Traumatisierung in den ersten Lebensjahren; aus Enders, M./ Biermann, G. (Hg.): Traumatisierung in Kindheit und Jugend; Ernst Reingardt Verlag, München, 1998
- Dunkelziffer e.V.: " Mord an Kinderseelen – wer sind die Opfer?" URL: www.dunkelziffer.de/de/aufklaerung.php Stand: 10.08.05
- Enders, Ursula: Ratgeber gegen sexuellen Missbrauch – vorbeugen, erkennen, handeln; Ministerium für Gesundheit, Soziales, Frauen und Familie des Landes NRW; Düsseldorf; 2003
- Enders, Ursula: Zart war ich, bitter war's – Handbuch gegen sexuellen Missbrauch; Kölner Volksblatt Verlag; Köln; 1992

- Schaffrin, Irmgard: Ein Mädchen sagt nein...und dann?; aus: Prävention von sexuellen Missbrauch – Handbuch für die pädagogische Praxis; DONNA VITA Marion Mebes OHG; Ruhnmark; 1993
- Schaub/ Zenke: Wörterbuch Pädagogik; Deutscher Taschenbuch Verlag GmbH & Co. KG; München; 2005
- Simone, Stephan: Präventionsarbeit in der Grundschule; aus: Prävention von sexuellen Missbrauch – Handbuch für die pädagogische Praxis; DONNA VITA Marion Mebes OHG; Ruhnmark; 1993
- Stangl, Werner: "Sexueller Missbrauch von Kindern und Jugendlichen" URL: www.arbeitsblaetter.stangl-taller.at/PSYCHOLOGIEENTWICKLUNG/sexuellermissbrauch.shtml Stand: 10.08.05
- Steinhage, Rosemarie: Sexuelle Gewalt – Kinderzeichnungen als Signal; Rowohlt Taschenbuch Verlag GmbH; Reinbeck bei Hamburg; 1992
- Steinhausen, Hans- Christoph: Psychische Störungen bei Kindern und Jugendlichen, Urban & Schwarzenberg; München, Wien und Baltimore; 1988
- Ziegler, Franz: Kinder als Opfer von Gewalt; Universitätsverlag Freiburg Schweiz; Verlag Hans Huber Bern Stuttgart Toronto; 1990

- Förschler, Cordula Gesine: Kindesmisshandlung – Eine deskriptiv-kasuistische Studie; Institut für gerichtliche Medizin Tübingen; Tübingen; 1996
- Frei, Karin: Sexueller Missbrauch – Schutz durch Aufklärung; Ravensburger Buchverlag Otto Maier GmbH; Ravensburg; 1993
- Gahleitner, Silke Brigitta: "Frauen und Männer verarbeiten sexuellen Missbrauch unterschiedlich" URL: www.jouranlmed,de/newsview.php?id=4675 Stand: 2004
- Gegen Missbrauch e.V.: "Kinder haben ein Recht auf lachen" URL: www.gegen-missbrauch.de/new.php?link=special/dutreaux1.htm Stand: 02.08.05
- Hamburger Familienwegweiser: "Sexueller Missbrauch – was tun?" URL: http://fhh.hamburg.de/stadt/aktuell/behoerden/soziales-familie/jugend-und-familie/familienwegweiser/sexueller-missbrauch-was-tun/start.html Stand:08.06.05
- Heiliger, Anita: Täterstrategien und Prävention; Verlag Frauenoffensive; München; 2000
- Hilweg, Werner/ Ullmann, Elisabeth (Hg.): Kindheit und Trauma; Vandenhoeck und Ruprecht; Göttingen; 1997
- Hirblinger, Annedore: Der Opfer- Täter- Komplex; aus Enders, M./ Biermann, G. (Hg.): Traumatisierung in Kindheit und Jugend; Ernst Reingardt Verlag; München; 1998
- Lercher, Lisa/ Derler, Barbara/ Höbel, Ulrike: Missbrauch verhindern – Handbuch zu präventivem Handeln in der Schule; Wiener Frauenverlag; Wien; 1995
- Menzel, Harald: "Kinderschrei – Lasst sie Kinder bleiben" URL: www.kinderschrei.de/missbrauchzahlen,htm Stand: 2005
- NEIN!!! Gemeinsam gegen Kindesmissbrauch: "Fakten" URL: www.missbraucht.de/fakten.htm Stand: 02.08.05
- Oerter/ Montada (Hg.): Entwicklungspsychologie; Beltz Verlag; Weinheim und Basel; Berlin; 2002